Papel certificado por el Forest Stewardship Council®

Título original: *Maria Montessori*

Primera edición: enero de 2020

© Alessio Surian, Diego Di Masi & Silvio Boselli
© 2019, BeccoGiallo S. r. l., por la edición original italiana
Publicado mediante acuerdo con Am-Book
www.am-book.com
© 2020, Penguin Random House Grupo Editorial, S. A. U.
Travessera de Gràcia, 47-49. 08021 Barcelona
© 2020, Carlos Mayor Ortega, por la traducción

Penguin Random House Grupo Editorial apoya la protección del *copyright*.
El *copyright* estimula la creatividad, defiende la diversidad en el ámbito de las ideas y el conocimiento,
promueve la libre expresión y favorece una cultura viva. Gracias por comprar una edición autorizada
de este libro y por respetar las leyes del *copyright* al no reproducir, escanear ni distribuir ninguna
parte de esta obra por ningún medio sin permiso. Al hacerlo está respaldando a los autores
y permitiendo que PRHGE continúe publicando libros para todos los lectores.
Diríjase a CEDRO (Centro Español de Derechos Reprográficos, http://www.cedro.org)
si necesita fotocopiar o escanear algún fragmento de esta obra.

Printed in Spain – Impreso en España

ISBN: 978-84-663-4928-4
Depósito legal: B-22.361-2019

Compuesto en M. I. Maquetación, S. L.
Impreso en Gráficas 94
Sant Quirze del Vallès (Barcelona)

P 3 4 9 2 8 4

Maria Montessori

Texto de Alessio Surian y Diego di Masi
Ilustraciones de Silvio Boselli
Traducción de Carlos Mayor

DEBOLS!LLO

NOORDWIJK (PAÍSES BAJOS),
PRIMAVERA DE 1952.

EL SECRETO DEL LIBRE DESARROLLO DE LOS NIÑOS ESTÁ EN PROVEER...

... LOS MEDIOS NECESARIOS PARA SU SUSTENTO INTERNO.

—DESPUÉS DE 50 AÑOS, ES UNA IDEA QUE EMPIEZA A ABRIRSE CAMINO.

—PERO HOY NOS CRITICAN ARGUYENDO QUE, CON LAS CLASES AÑADIDAS PARA LOS NIÑOS CON DIFICULTADES, PRIVAMOS A ESOS ESCOLARES DE LA POSIBILIDAD DE APRENDER POR EMULACIÓN.

—QUERIDO CLAUDE, VOY A CONTARLE UN CUENTO...

HABÍA UNA VEZ UN REY CON UNA NARIZ TAN LARGA QUE RESULTABA RIDÍCULA.

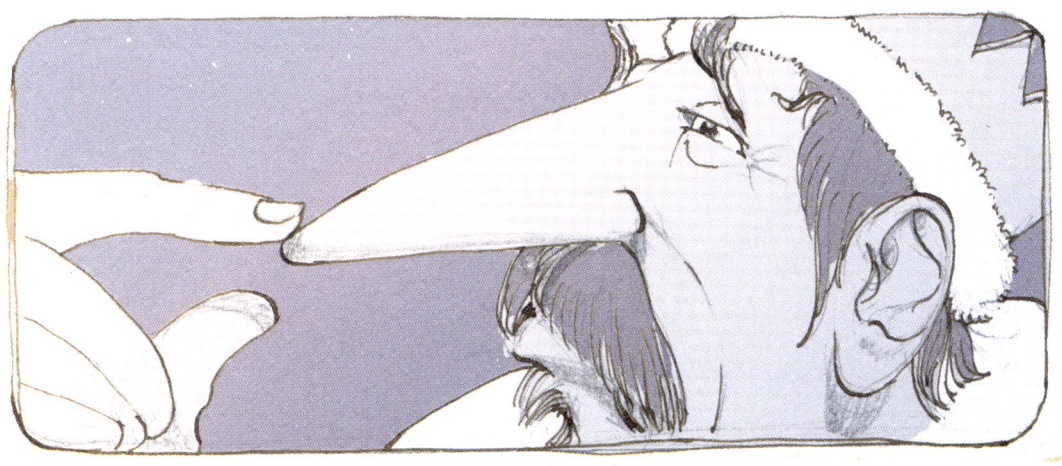

CUANDO UN REY VECINO LE ANUNCIÓ SU VISITA, SE ABOCHORNÓ: LE DABA VERGÜENZA MOSTRAR SU DEFECTO A OTRO PUEBLO.

EL PRIMER MINISTRO PROPUSO: «MAJESTAD, MANDAD A VUESTRA CORTE QUE SE RETIRE. VOY A BUSCAR POR TODO EL REINO A LOS HOMBRES CON LAS NARICES MÁS ESPECTACULARES Y PARA ESTA OCASIÓN ELLOS CONFORMARÁN VUESTRA CORTE».

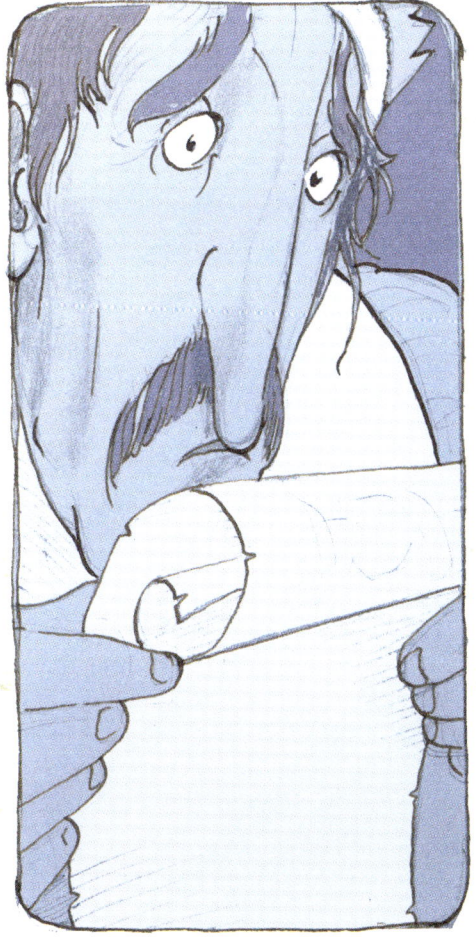

ASÍ SE HIZO Y SE LOCALIZARON NAPIAS TALES QUE LA DEL REY, EN COMPARACIÓN, PARECÍA UNA NARICITA MUY ADECUADA.

DE ESE MODO, EL VECINO REY AUGUSTO DESCUBRIÓ QUE HABÍA UNA CORTE DE NARICES, PERO NO ADVIRTIÓ QUE HUBIERA UN REY NARIGUDO.

> LOS DEMÁS SON NIÑOS POBRES, INFELICES Y ABANDONADOS QUE SE LEVANTAN ANTES DEL AMANECER PARA IR A VENDER PERIÓDICOS O PARA LLEVAR LA LECHE A LAS CASAS Y LLEGAN AL COLEGIO CANSADOS.

> LOS QUE SACAN BUENAS NOTAS NO SON MEJORES, TIENEN MÁS SUERTE.

> SU PROPUESTA ESTÁ CLARA: TENEMOS QUE IR MÁS ALLÁ DE UN COLEGIO EN EL QUE, PREMIANDO A LOS MEJORES Y CASTIGANDO A LOS DEMÁS, TODOS SALEN PERDIENDO.

> ESO ES.

CUANDO ERA MÉDICO AYUDANTE DE LA CLÍNICA PSIQUIÁTRICA DE LA UNIVERSIDAD DE ROMA, TUVE OPORTUNIDAD DE ACUDIR ASIDUAMENTE AL MANICOMIO PARA ESTUDIAR A LOS ENFERMOS CON FINES DE DIDÁCTICA CLÍNICA.

ASÍ FUE COMO ME INTERESÉ POR LOS LLAMADOS «IDIOTAS»...

CLÍNICA PSIQUIÁTRICA DE LA UNIVERSIDAD DE ROMA, 1897.

«DOCTOR MONTESANO, QUERRÍA HACER LAS PRÁCTICAS CON LOS NIÑOS MINUSVÁLIDOS QUE TIENE AQUÍ.»

SÍGANME, SEÑORES.

TUVE LA INTUICIÓN...

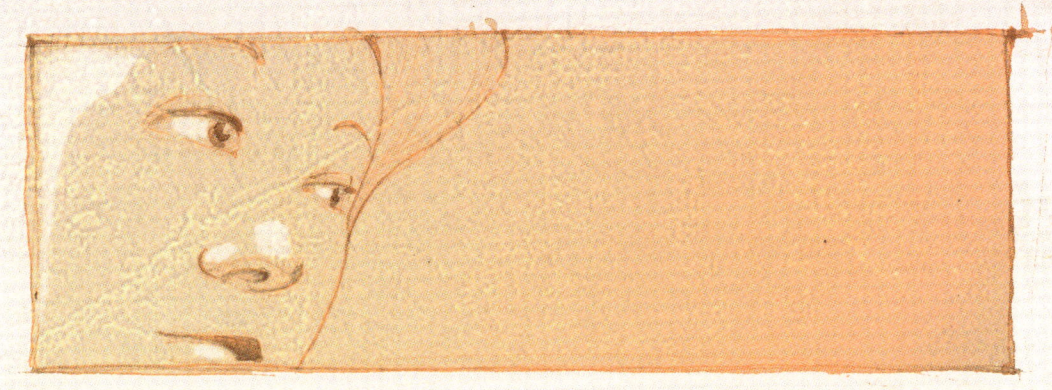

... DE QUE LA CUESTIÓN DE LOS LLAMADOS «DEFICIENTES» ERA MÁS PEDAGÓGICA QUE MÉDICA.

TUVE OPORTUNIDAD DE CONOCER EL MÉTODO DE EDUCACIÓN EXPERIMENTAL IDEADO POR SÉGUIN Y ME FUI A LONDRES Y A PARÍS PARA ESTUDIAR LA EDUCACIÓN DE LOS NIÑOS CON DIFICULTADES.

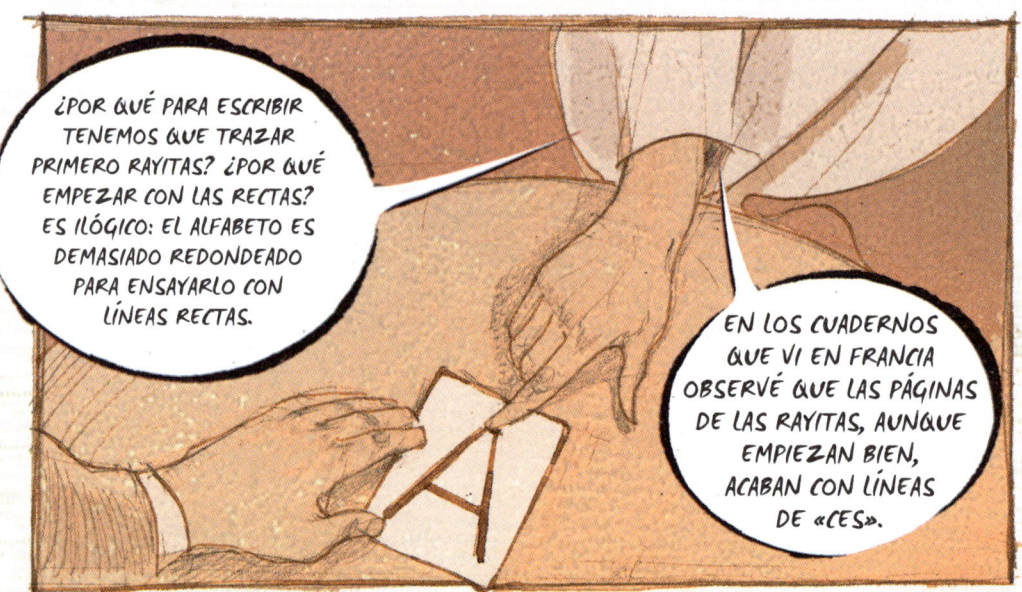

HABÍA UNA NIÑA DE 11 AÑOS QUE NO LOGRABA APRENDER A COSER, NI SIQUIERA A DAR LA PRIMERA PUNTADA, A EMPEZAR A HILVANAR.

ENTONCES LA PUSE A TEJER CON LAS TIRAS DE FRÖBEL: VI UNA ANALOGÍA ENTRE LAS DOS LABORES Y LA OBSERVÉ.

LOS NIÑOS COMPLETABAN EL MOVIMIENTO NECESARIO PARA REPRODUCIR LA FORMA DE LOS SIGNOS GRÁFICOS SIN ESCRIBIR. UNA VEZ ERAN EXPERTOS EN TOCAR LAS LETRAS, PARA QUE APRENDIERAN A COGER LA PLUMA LES DABA UN PALITO CON EL QUE IBAN REPASANDO LAS LETRAS. CON ESOS EJERCICIOS SE FIJABA SU MEMORIA MUSCULAR.

UN BUEN DÍA ME FIJÉ EN UN NIÑO QUE CON LA TIZA TRAZABA EN LA PIZARRA, CON MANO FIRME Y BUENA CALIGRAFÍA, TODAS LAS LETRAS DEL ABECEDARIO. ERA LA PRIMERA VEZ QUE ESCRIBÍA, ANTES DE LO QUE PODÍA IMAGINARME.

—¿También les enseñó gramática?

—De un modo completo y profundo, como hice a continuación con otros niños, no; pero sí la estudiaron con interés, divirtiéndose.

Hacíamos unos ejercicios, que dimos en llamar «órdenes», para reconocer y distinguir los nombres, los adjetivos, los verbos. Con pequeñas dramatizaciones.

SIGUIENDO ESE MÉTODO ENSEÑÉ A LEER Y A ESCRIBIR A LOS NIÑOS CON DIFICULTADES PARA QUE PUDIERAN PRESENTARSE AL EXAMEN DE LOS COLEGIOS PÚBLICOS JUNTO CON LOS DEMÁS MUCHACHOS.

SUPERARON LA PRUEBA CON RESULTADOS SUPERIORES A LOS DE LA MEDIA. TODO EL MUNDO CONTEMPLABA CON ASOMBRO SUS PROGRESOS. LA CIENCIA DE LA EDUCACIÓN NO SOLO TIENE EL DEBER DE OBSERVAR, SINO TAMBIÉN EL DE TRANSFORMAR A LOS ALUMNOS.

«EN SAN LORENZO VIVEN OBREROS EN PARO...»

«MENDIGOS, PROSTITUTAS, REOS RECIÉN SALIDOS DE LA CÁRCEL...»

«HAN ENCONTRADO REFUGIO ENTRE LAS PAREDES DE CASAS ABANDONADAS A MEDIO CONSTRUIR DEBIDO A LA CRISIS ECONÓMICA. POCO A POCO TRANSFORMAREMOS ESOS ESQUELETOS ARQUITECTÓNICOS EN VIVIENDAS PARA EL PUEBLO...»

CASA DE LOS NIÑOS DE PALIDANO, 1908.

¡QUÉ HABILIDAD TIENEN ESTOS NIÑOS CON EL MATERIAL PENSADO PARA ELLOS!

LES PEDÍ A LOS HERMANOS BASSOLI QUE ELIMINARAN LO SUPERFLUO PARA FAVORECER EN EL NIÑO LA CONCENTRACIÓN EN EL OBJETO.

SOLO DEBE DESTACAR UNA DE LAS CARACTERÍSTICAS DEL OBJETO.

ASÍ LA CRIATURA SE QUEDA DURANTE MUCHO TIEMPO CON LA MISMA PIEZA.

DE ESE MODO DESARROLLA LA CONCIENCIA DE LO QUE ESTÁ HACIENDO Y LA CAPACIDAD DE CORREGIR SUS ERRORES.

ES INDISPENSABLE QUE EN EL ENTORNO EXISTAN LOS MEDIOS NECESARIOS PARA LA AUTOEDUCACIÓN.

—EN AQUELLOS CINCO INTENSOS MESES APRENDIMOS QUE NO SE CREAN OBSERVADORES DICIENDO: «¡OBSERVA!».

—¡HAY QUE DAR LOS MEDIOS PARA OBSERVAR!

—Y ESOS MEDIOS PASAN POR LA EDUCACIÓN DE LOS SENTIDOS. LOS SENTIDOS DESARROLLADOS CONDUCEN A LA OBSERVACIÓN DEL ENTORNO.

PARA EL SENTIDO TÉRMICO SE PREPARAN CUENCOS METÁLICOS LLENOS DE AGUA A DISTINTAS TEMPERATURAS...

PARA EL SENTIDO BÁRICO SE UTILIZAN TABLILLAS RECTANGULARES HECHAS DE TRES CALIDADES DE MADERA DE DISTINTO PESO. TIENEN QUE SER LISAS Y LLEVAR UN BARNIZ BRILLANTE QUE MANTENGA SU COLOR NATURAL.

UNA VEZ CONSEGUIDO EL SILENCIO, CERRABA LAS VENTANAS E INVITABA A LOS NIÑOS A CERRAR A SU VEZ LOS OJOS.

OSCURIDAD Y SILENCIO ABSOLUTOS.

AHORA ESCUCHAD UNA VOZ QUE OS LLAMA BAJITO POR VUESTRO NOMBRE...

¡GIO-VAN-NA!

ME IBA A UNA HABITACIÓN CONTIGUA Y POR LA PUERTA ABIERTA DE PAR EN PAR LLAMABA A LOS NIÑOS CON UN SUSURRO, UNO POR UNO, DICIENDO SUS NOMBRES SÍLABA A SÍLABA COMO SE LLAMARÍA A ALGUIEN A VOZ EN GRITO POR LAS MONTAÑAS.

AL OÍR SU NOMBRE, IBAN ABRIENDO LOS OJOS, FASCINADOS Y FELICES, SE LEVANTABAN SIN HACER RUIDO...

¡MAR-CEL-LO!

Y DE PUNTILLAS SALÍAN DE LA HABITACIÓN CON CARA DE ALEGRÍA, SOFOCANDO PEQUEÑOS ARREBATOS DE RISA, PARA LUEGO OBSERVAR A LOS COMPAÑEROS QUE TODAVÍA SEGUÍAN ESPERANDO EN SILENCIO. TODOS ELLOS SE ESFORZABAN POR MERECER, AGUARDANDO INMÓVILES LA LLAMADA QUE LES CORRESPONDÍA.

RECUERDO...

... UNA CASA DE LOS NIÑOS QUE FUIMOS A VISITAR CON LOS PARTICIPANTES EN UN CURSO...

HAY QUE ENTENDER QUE NUESTRO MÉTODO ABRE UN NUEVO CAMINO.

NO PLANTEAMOS ALGO TAN DIFÍCIL COMO LO QUE HACEN LOS MONJES, QUE SE QUEDAN EN SILENCIO PARA DESARROLLAR LA CONTEMPLACIÓN INTERIOR, AUNQUE TAMBIÉN EN NUESTRO CASO, AL OBSERVAR LO QUE HAY FUERA DE NOSOTROS MISMOS, RECURRIMOS AL SILENCIO Y A LA CONTEMPLACIÓN.

HAY QUE PONER AL NIÑO EN EL CENTRO DE TODO. MIREMOS A NUESTRO ALREDEDOR: HASTA AYER, NO HABÍA NADA PREPARADO PARA RECIBIR A ESTE HUÉSPED SUBLIME...

IMAGINEMOS QUE NOS ENCONTRAMOS ENTRE UN PUEBLO DE GIGANTES CON LAS PIERNAS LARGUÍSIMAS AL LADO DE LAS NUESTRAS, CON EL CUERPO ENORMEMENTE GRANDE, PERO TAMBIÉN MÁS ESBELTO QUE EL NUESTRO. GENTE MUY ÁGIL, INTELIGENTÍSIMA EN COMPARACIÓN CON NOSOTROS.

QUEREMOS SUBIR HASTA SUS CASAS: LOS ESCALONES NOS LLEGAN HASTA MEDIA PIERNA, DE FORMA QUE HAY QUE INTENTAR TREPAR DE RODILLAS.

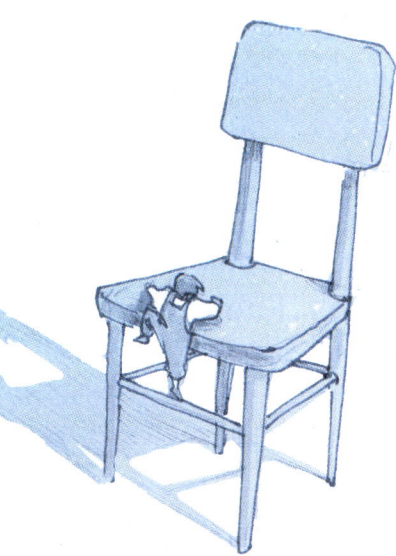

QUEREMOS SENTARNOS Y LA SILLA NOS LLEGA CASI HASTA LOS HOMBROS: ¡ENCARAMÁNDONOS CON ESFUERZO CONSEGUIMOS POR FIN ALCANZAR LA CIMA!

QUEREMOS CEPILLARNOS LA ROPA, PERO SOLO HAY CEPILLOS QUE NUESTRA MANO NO PUEDE NI AGARRAR NI LEVANTAR, DE LO MUCHO QUE PESAN. SI SUPIÉRAMOS QUE ESTOS GIGANTES NOS ESPERABAN, TENDRÍAMOS QUE DECIR: «NO SE HAN ESFORZADO EN ABSOLUTO EN RECIBIRNOS, EN OFRECERNOS UNA VIDA CÓMODA».

LAS MUÑECAS TIENEN CASAS, SALAS DE ESTAR, COCINAS, ARMARIOS. PARA ELLAS SE REPRODUCE EN PEQUEÑO TODO LO QUE POSEE EL ADULTO. LA CRIATURA, EN CAMBIO, SOLO PUEDE JUGAR CON ELLAS.

EL MUNDO QUE SE LE HA OFRECIDO PARECE UNA BROMA, NADIE RECONOCE QUE SEA UN SER HUMANO. Y TIENE LA IMPRESIÓN DE QUE LA SOCIEDAD LE HA PREPARADO UN RECIBIMIENTO IRÓNICO.

PODEMOS HACER ALGO MUY SENCILLO: OFRECERLE UN ENTORNO EN EL QUE TODO SE HAYA CONSTRUIDO DE ACUERDO CON SUS PROPORCIONES Y DEJARLO VIVIR EN ÉL...

NUEVA YORK.

¿ESTÁS LISTO?

TOOO

¡ME MUERO DE GANAS!

¡NOS ESPERA UN BUEN VIAJE!

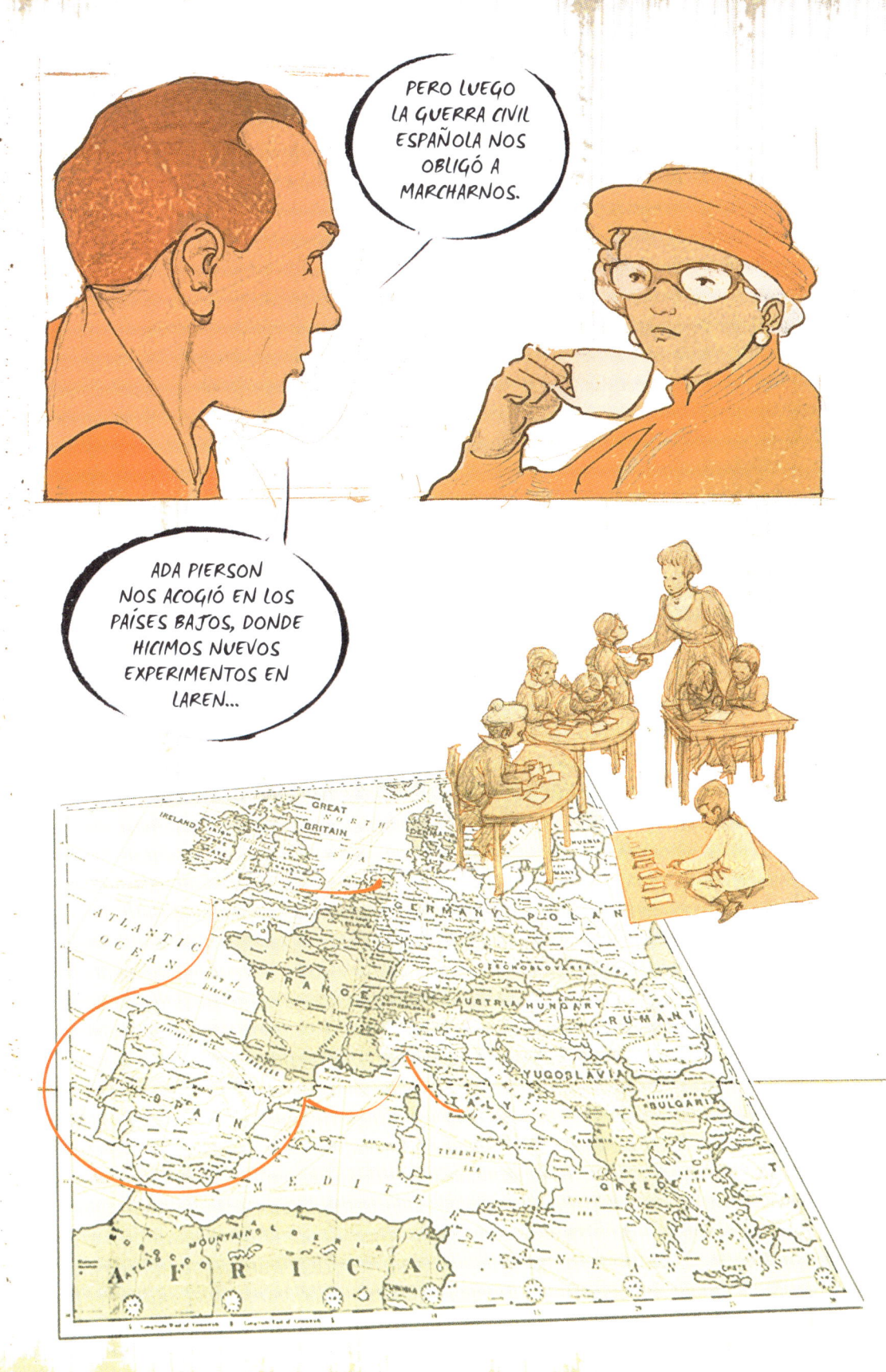

EMPEZARON A SURGIR CASAS DE LOS NIÑOS EN ARGENTINA, BRASIL, JAPÓN, AUSTRALIA, AUSTRIA, FRANCIA, ITALIA, HUNGRÍA, ESTADOS UNIDOS, ESCANDINAVIA, CATALUÑA...

«LA GUERRA PODRÍA COMPARARSE CON EL INCENDIO DE UN EDIFICIO LLENO DE OBRAS DE ARTE Y DE OBJETOS PRECIOSOS: CUANDO QUEDA REDUCIDO A CENIZAS HUMEANTES Y SOFOCANTES, EL DESASTRE SE HA CONSUMADO HASTA EL FINAL.»

«CONTEMPLAMOS LA GUERRA COMO DURANTE SIGLOS CONTEMPLAMOS LA PESTE. EL ANSIA DE HACER RECAER EN ALGÚN INDIVIDUO LA CULPA DEL FLAGELO UNIVERSAL NOS IMPIDE DESCUBRIR LAS AMENAZAS. TAMBIÉN EN EL CASO DE LA GUERRA PROCESAMOS A SUS SUPUESTOS DIFUSORES Y RECURRIMOS A FALSOS REMEDIOS.»

«LLAMAMOS "PAZ" A LA ADAPTACIÓN FORZADA DE LOS VENCIDOS A UN DOMINIO ESTABLE, A LA PÉRDIDA DE LO QUE AMABAN, A LA CESIÓN DE LOS FRUTOS DE SU TRABAJO Y DE SUS CONQUISTAS. LLAMAMOS "PAZ" AL TRIUNFO FINAL Y ESTABLE DE LA GUERRA.»

«Y ESAS CENIZAS, ESE HUMO QUE IMPIDE RESPIRAR, PUEDEN COMPARARSE CON LA INTENSIDAD DE LA PAZ EN EL MUNDO. ¿CUÁLES SON LAS CAUSAS PROFUNDAS Y MISTERIOSAS DE LA GUERRA?»

«LA PESTE NO SE VENCIÓ HASTA QUE SUS CAUSAS OCULTAS FUERON OBJETO DE INVESTIGACIÓN CIENTÍFICA, HASTA QUE SE DESCUBRIÓ QUE ERA UNA ENFERMEDAD INFECCIOSA PROVOCADA POR MICROORGANISMOS QUE ENCONTRABAN EN UN ENTORNO INSALUBRE LAS CONDICIONES ADECUADAS PARA PROPAGARSE. ¡LOS CULPABLES ERAN LAS RATAS, DE LAS QUE NADIE SOSPECHABA!»

«UN MUNDO NUEVO PARA UN HOMBRE NUEVO: ESA ES NUESTRA NECESIDAD PERENTORIA. ¿PARECE UNA UTOPÍA? ¡ESTAMOS EN UN SIGLO LLENO DE MILAGROS! ¿ACASO NO ES CIERTO QUE EL HOMBRE VUELA? YA NO HAY OBSTÁCULOS TERRENALES QUE SEPAREN A LOS PAÍSES.»

«¿QUIÉN PODRÁ RECLAMAR LA PROPIEDAD DE UNA U OTRA TIERRA? ¿QUIÉN RECLAMARÁ SUS DERECHOS SOBRE LA GRAVEDAD TERRENAL O SOBRE EL ENVOLTORIO ETÉREO QUE SE ENCUENTRA MÁS ALLÁ DE LA ATMÓSFERA?»

¡TUMP! ¡TUMP!

¡TUMP! ¡TUMP!

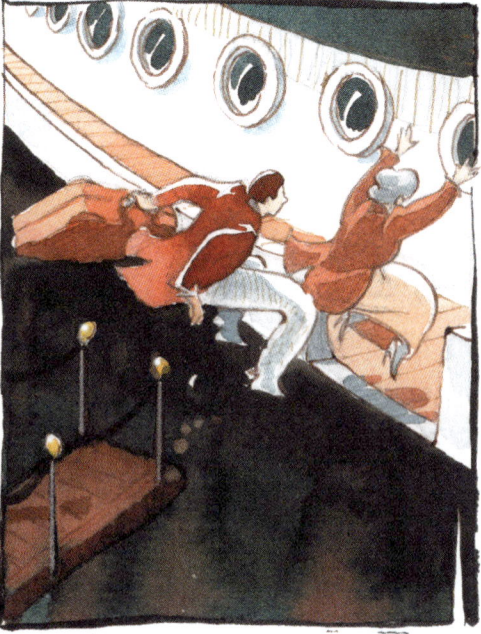

1939

...Nos gustaría invitarla a venir a la India...

Dr. George Sydney Arundale
Presidente de la Sociedad Teosófica
India

Aceptaría encantada su cortés invitación con la condición de disponer del tiempo necesario para observar las condiciones del sistema educativo indio, ya que me gustaría adaptar mis métodos a los distintos contextos en los que viven los niños del mundo.

María Montessori

Querido Dr. Arundale:

Muchas gracias por su carta. Tuve el privilegio de conocer a la doctora Montessori en Londres. No me cabe duda de que su visita a la India nos beneficiará en todos los sentidos. Me alegro de haberla animado a dedicar al menos seis meses a su estancia.

Atentamente,

Gandhi

Querido Dr. Arundale:

Me alegro mucho de saber que de cara a la visita a la India de la doctora Montessori está organizando un curso de formación en Adyar y acepto encantado su oferta de participar en dicho curso.

Saludos cordiales,

Rabindranath Tagore

— YA VERÁN QUÉ BIEN ESTARÁN EN EL BUNGALOW ALCOTT DE MADRÁS.

— ¡NO LO DUDO!

— LA PLANTA INFERIOR FUNCIONARÁ COMO COLEGIO. USTEDES VIVIRÁN EN EL PISO SUPERIOR.

— AHORA DESCANSEN, QUE PRONTO EMPEZARÁ EL CURSO.

— ¡ES MAGNÍFICO!

— ¡HAN PENSADO EN TODO!

«EN NUESTRO CASO, EN CAMBIO, LAS PAREDES DIVISORIAS SON MURETES; SIEMPRE SE PUEDE PASAR CON FACILIDAD DE UNA CLASE A OTRA, DE MODO QUE LOS NIÑOS TIENEN LIBERTAD PARA IR Y VOLVER, Y ASÍ AYUDARSE UNOS A OTROS.»

«LA EDUCACIÓN DEBE BASARSE EN LA CONCIENCIA DE LA VIDA HUMANA, Y NO EN UN PROGRAMA PREESTABLECIDO.»

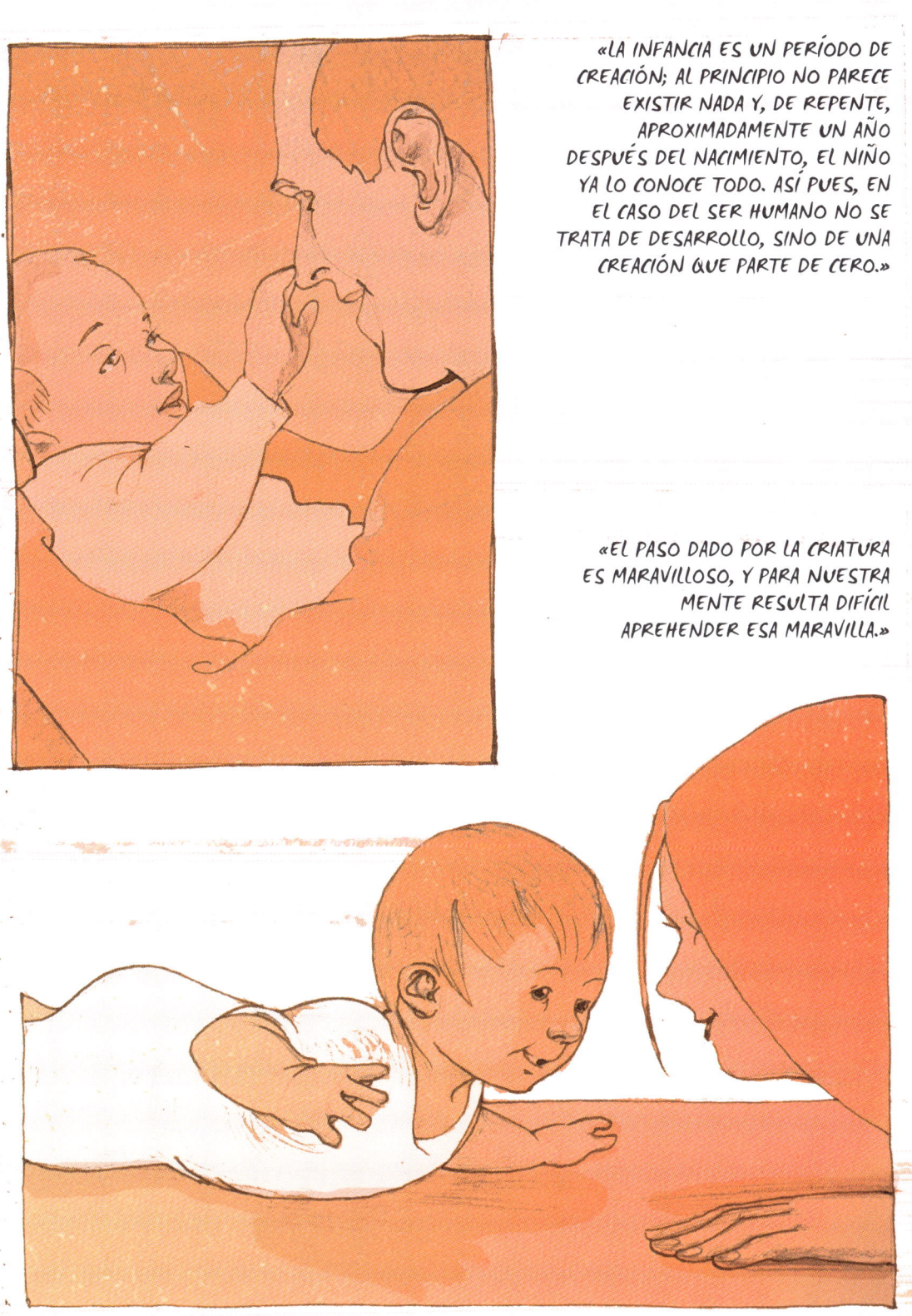

«LA SOCIEDAD SOLO PUEDE CAMBIAR SI ADULTOS Y NIÑOS COLABORAN. CONSEGUIRLO NO ES FÁCIL, Y ESA ES LA LABOR DE LA EDUCACIÓN: NADA PUEDE LOGRARSE SOLO CON TIEMPO Y PACIENCIA SI NO SE HAN APROVECHADO LAS OPORTUNIDADES SURGIDAS DURANTE EL PERÍODO CREATIVO.»

LA VERDADERA EDUCACIÓN IMPLICA NO SOLO AL NIÑO QUE SE EDUCA, SINO TAMBIÉN AL ADULTO QUE SE TRANSFORMA.

NO VOY A HABLARLES DE UN MÉTODO PARA EDUCAR A LOS NIÑOS, SINO DE ALGO QUE SURGE DEL ALMA DE LAS CRIATURAS, QUE HA SIDO REVELADO POR LAS CRIATURAS...

¿DÓNDE ME ENCUENTRO?

¿CÓMO HE ACABADO AQUÍ?

ESTAS HOJAS...

EL VIENTO...

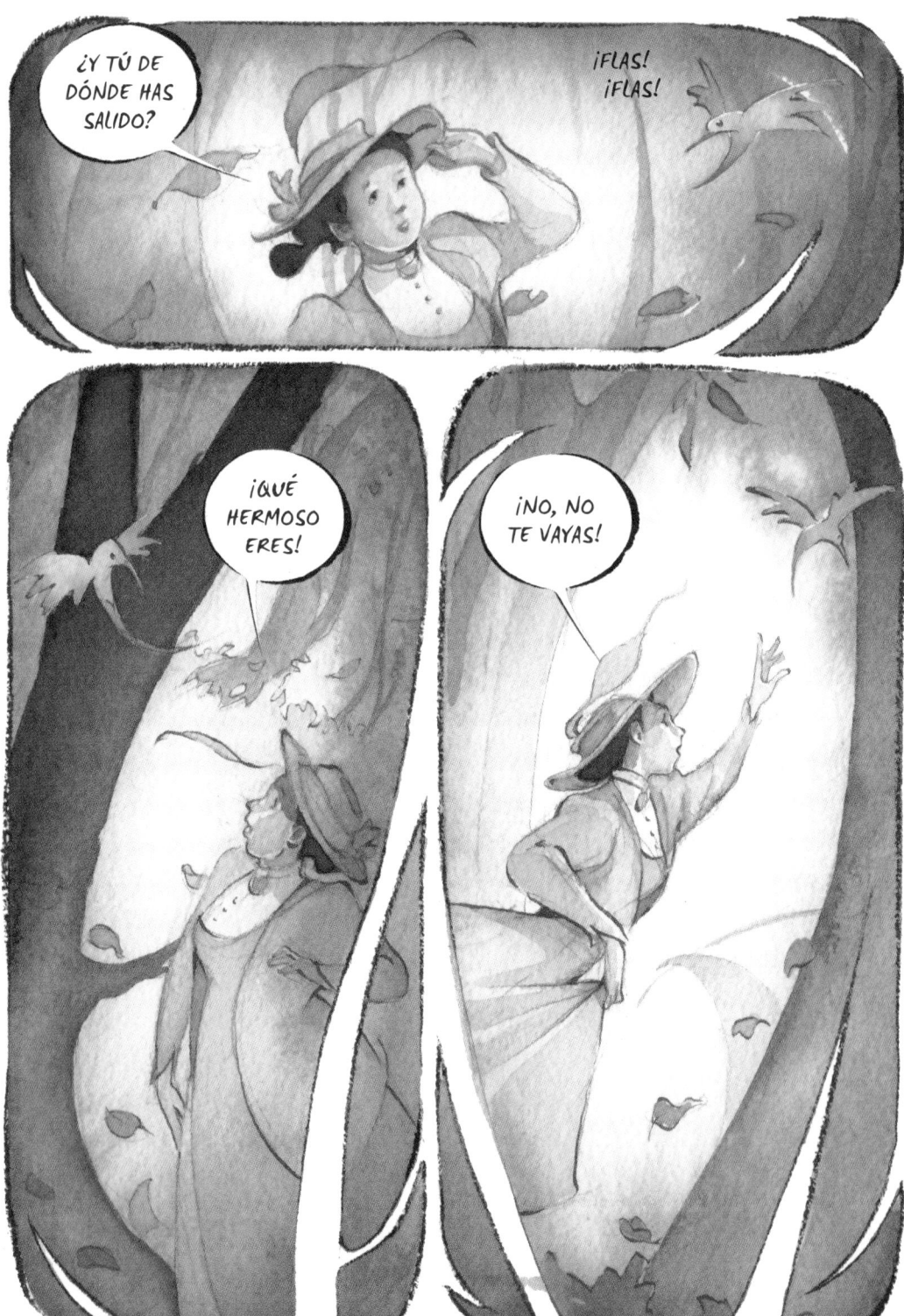